好品格故事系列

大家一起玩

今天是樂樂的生日，剛巧是星期日，爸爸媽媽為樂樂在家裏舉行一個生日會。

嘉嘉和樂樂在做什麼？他們的爸爸媽媽在做什麼？如果圖中的是你，你會喜歡做什麼？你能告訴爸爸媽媽，圖中有些什麼嗎？

樂樂邀請了同學們來參加，
他們是家文、家希、子俊、謙謙、
小玲和德仔。
樂樂收到很多生日禮物啊！

當你收到禮物時要說多謝，但可不可以立即打開禮物呢？
猜一猜，子俊想做什麼？（提示：可在 p.2 找找看）

子俊一進門，就看見了放在角落裏的電動電單車，他立刻坐上去。

樂樂拉拉爸爸，要他告訴子俊只可以坐在上面，但不能在家裏開車。

荳芽語 樂樂悄悄地告訴爸爸，要他提醒小朋友不要在家裏開車，這種做法對不對？

謙謙和德仔都想騎電單車，
但是子俊卻不肯下來。

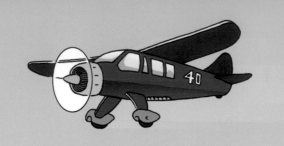

爸爸拿出遙控飛機讓他們玩，樂樂向爸爸不斷搖手示意不要讓他們玩。

謙謙和德仔果然搶着要玩，幸好爸爸只是讓他們看。

家文和小玲不想玩男孩子的玩具，嘉嘉只好拿出自己的娃娃玩具跟她們玩。女孩子都在為娃娃挑選最漂亮的衣服，玩得很高興。

 嘉嘉與小朋友分享自己的玩具，你覺得這樣做好不好？你會分享什麼玩具？

樂樂突然發現他最愛的機械人，
不知什麼時候已給家希拿在手上玩，
他很想取回機械人，就悄悄跟爸爸
說：「你替我取回機械人，家希會
弄壞它的！」

樂樂通常把最愛玩的機械人放在房間裏，
家希隨便走進別人的房間是不對的，這是
沒禮貌的行為。

爸爸摸摸樂樂的頭說：
「讓小朋友玩一會兒吧！
忘記了媽媽常常教你要學會
分享嗎？」

這時，子俊也看見家希手上的機械人，於是跑過去說：「讓我看看是不是最新款的。」

　　家希不讓子俊看，子俊就在家希身旁大喊大跳，嚷着要看機械人。

如果想取得別人手上的玩具，想一想，你應該怎樣做？

家文和小玲本來玩得好好的，
卻為了爭奪一條粉紅色的裙子而
爭吵。

 你有沒有試過與小朋友爭吵？告訴爸爸媽媽
當時的情形。

媽媽從廚房走出來，看見這邊的女孩子在爭衣服，那邊的男孩子在搶玩具，只好高聲說：「小朋友，快來洗手吃東西啊！」

　　孩子們歡呼一聲，大家都擠到洗手間去了。

男孩子和女孩子都在吵吵鬧鬧，但是為什麼大家都聽媽媽的話？

生日會的食物很豐富，小朋友都吃得很高興。

　　最後，媽媽捧出了一個大蛋糕，朋友們為樂樂唱出「生日快樂」歌，樂樂很開心呢！

 你知道誰是樂樂嗎？為什麼？

大家吃飽了，爸爸提議說：
「我們一會兒大家一起玩，好嗎？」
「好啊！」小朋友大聲地回答。

　　爸爸取出一盒「大富翁」遊戲，說：「讓我來做銀行。」

　　在爸爸的帶領下，大家都玩得很開心。

待所有小朋友都走了，
樂樂、嘉嘉和爸爸媽媽一起
拆禮物。
　　樂樂吻吻爸爸，又吻吻
媽媽，說：「謝謝爸爸，
謝謝媽媽，我愛你！」

匯識教育幼兒叢書

好品格故事系列 1套6冊

❶ 上學啦

樂樂初次上學,感到既緊張又害怕。他能否克服恐懼,快樂地度過第一天的校園生活?

❷ 弟弟,不要哭

樂樂不小心弄丟了姐姐嘉嘉所做的風箏,令她十分生氣,兩人最後會否和好如初?

❸ 大家一起玩

很多小朋友一起陪樂樂過生日,不過,大家都只顧爭着玩玩具。究竟他們可不可以過一個開心的生日會呢?

❹ 媽媽生病了

嘉嘉和樂樂一覺醒來,知悉媽媽生病睡在牀上!那他們能否照顧自己,獨自克服困難呢?

❺ BB當醫生

樂樂和同學一起到老人院探訪老人,又得到貼紙作獎勵。然而,樂樂的同學子俊卻得不到貼紙,為什麼?

❻ 親子賣旗日

嘉嘉於街上努力賣旗時,巧遇也在賣旗的同學家希,但家希卻只對它當作是一件苦差事。究竟賣旗和買旗是不是都在幫助別人呢?